ENTRENADORES

CHRISTINE HONDERS

TRADUCIDO POR ROSSANA ZÚÑIGA

New York

Published in 2020 by The Rosen Publishing Group, Inc.
29 East 21st Street, New York, NY 10010

First Edition

Translator: Rossana Zúñiga
Spanish Editor: Alberto Jiménez
Editor: Greg Roza
Book Design: Reann Nye

Photo Credits: Cover, p.1 Hero Images/Getty Images; pp. 4–22 Abstractor/Shutterstock.com; pp. 5, 15 Thomas Barwick/DigitalVision/Getty Images; pp. 7, 19 Monkey Business Images/Shutterstock.com; p. 9 Microgen/Shutterstock.com; p. 11 Jose Luis Pelaez Inc/DigitalVision/Getty Images; p. 13 Lucky Business/Shutterstock.com; p. 17 Alistair Berg/DigitalVision/Getty Images; p. 21 Fuse/Corbis/Getty Images; p. 22 sirtravelalot/Shutterstock.com.

Library of Congress Cataloging-in-Publication Data

Names: Honders, Christine author.
Title: Entrenadores / Christine Honders.
Description: New York : PowerKids Press, [2020] | Series: Trabajadores de nuestra comunidad | Includes webography. | Includes index.
Identifiers: LCCN 2019011608| ISBN 9781725312692 (paperback) | ISBN
 9781725312715 (library bound) | ISBN 9781725312708 (6 pack)
Subjects: LCSH: Coaches (Athletics)–Juvenile literature.
Classification: LCC GV711 .H646 2020 | DDC 796.07/7-dc23
LC record available at https://lccn.loc.gov/2019011608

Manufactured in the United States of America

CPSIA Compliance Information: Batch #CWPK20. For Further Information contact Rosen Publishing, New York, New York at 1-800-237-9932.

CONTENIDO

Deportes en Estados Unidos

La gente de todo el mundo ve y practica deportes. En Estados Unidos, los deportes son parte importante de nuestra **cultura**. Tal vez tienes un equipo del que seas fan o practicas algún deporte. Pero hay algo que los equipos deportivos tienen en común: todos cuentan con un entrenador.

¿Un equipo necesita entrenador?

Hasta los mejores jugadores necesitan un líder. Si un equipo no tuviera entrenador, posiblemente sus miembros no sabrían qué hacer. Los entrenadores les enseñan las habilidades que precisan y trazan planes para ganar. Además, los ayudan a trabajar juntos para convertirlos en un gran equipo.

Alcanzar tus metas

Los entrenadores ayudan a los **deportistas** a descubrir qué se les da mejor. Los observan y los estimulan para que desarrollen sus habilidades. Se aseguran de que cuiden su salud. Los animan, en fin, a alcanzar su objetivo ¡de ser los mejores en el deporte que elijan!

Profesores y entrenadores

Además de enseñar las reglas del deporte, los entrenadores preparan a los deportistas para que exploten al máximo sus posibilidades. Planean ejercicios para que aprendan habilidades específicas, como lanzar o robar balones. Organizan partidos de entrenamiento para **alentarlos** a trabajar juntos, en equipo.

Listos para ganar

Los entrenadores quieren que sus equipos ganen. Observan los partidos o las competiciones para indicar a los jugadores lo que deben hacer, aunque pueden cambiar de planes a mitad de partido. Estudian además la **estrategia** de los otros equipos a fin de encontrar la mejor forma de vencerlos.

Más que un entrendador

Ser entrenador no consiste solo en enseñar. Los buenos entrenadores **motivan** a sus jugadores. Crean un **ambiente** divertido para que aprendan a disfrutar del juego. Brindan a cada uno la ayuda y el apoyo que necesita. En cierto modo, los buenos entrenadores acaban siendo un miembro más de la familia.

Espíritu deportivo

Un buen entrenador tiene espíritu deportivo. Esto significa que trata a otros entrenadores y jugadores con respeto. Los entrenadores se dan la mano después de los partidos para demostrar su deportividad y se aseguran de que sus jugadores no se burlen de los miembros del equipo contrario ni discutan con ellos.

Para ser entrenador

La mayoría de los entrenadores son o han sido deportistas. Muchos trabajan en las escuelas. Los de secundaria y de la universidad suelen ser, además, maestros. Algunos asisten a clase de ciencias del deporte y de seguridad en el deporte; pero no necesitas ir a la universidad para entrenar a un equipo del vecindario.

Equipos profesionales

Los equipos profesionales necesitan entrenadores profesionales. Ser "profesional" significa que te pagan por jugar o entrenar. Los equipos profesionales pueden tener varios entrenadores que se ocupan de distintas habilidades. Algunos visitan las escuelas de secundaria y las universidades en busca de nuevos talentos a los que fichar.

Lecciones de vida del entrenador

Los buenos entrenadores dan lecciones de vida. Nos indican nuestros puntos fuertes y cómo fortalecerlos aún más. Nos alientan a trabajar juntos. Nos ayudan cuando las cosas se ponen difíciles. Enseñan que ¡el esfuerzo y el trabajo en equipo también ayudan a triunfar en la vida!

GLOSARIO

alentar: hacer que alguien sea más optimista o decidido.

ambiente: lo que está alrededor de una persona.

cultura: creencias y formas de vida de un grupo de gente.

deportista: alguien que es bueno en algún deporte.

estrategia: plan de acción para alcanzar una meta.

motivar: dar una razón para hacer algo.

ÍNDICE

SITIOS DE INTERNET

Debido a que los enlaces de Internet cambian constantemente,
PowerKids Press ha creado una lista de sitios de Internet relacionados con el tema de este libro.
Este sitio se actualiza con regularidad. Por favor, utiliza este enlace para acceder a la lista:
www.powerkidslinks.com/HIOC/coaches